LISTE
DES
MARCHANDS BONNETIERS,
UN DES SIX CORPS
DES MARCHANDS A PARIS.

A PARIS,
Chez KNAPEN & DELAGUETTE, Imprimeur-
Libraires au bas du Pont S. Michel, à l'entrée de la
rue S. André des Arts, au Bon Protecteur.

M. DCC. LXIX.

LISTE
DES
MARCHANDS BONNETIERS,
UN DES SIX CORPS
DES MARCHANDS A PARIS.

ANNÉE M. DCC. LXIX.

GARDES EN CHARGE.
MESSIEURS,

Années de Réceptions		
1740	Jean-Baptiste Boisseau, *rue Betizy*.	Grand Garde.
1741	Jacques-Robert Marcq, *rue saint Antoine*.	Anciens Gardes.
1743	François-Vincent Lebrun, *rue de la Roquette*.	
1756	Alexandre Oger, *rue de la Lingerie*.	Gardes.
1754	Philippes-Louis Charrier, *au Cimetiere saint Jean*.	
1756	Florent Bellot, *Place Maubert*.	
1759	Pierre Rousseau, *rue saint Martin*.	

Messieurs les Anciens qui ont passé les Charges & le Consulat, avec les Années de leurs Réceptions & Élections.

NOMS ET DEMEURES.	ANNÉES.					
	Récept.	Gardes.	Gardes anciens.	Grands Gardes.	Consuls.	Juges.
Jean-Claude Hude, Doyen, *Cloître saint Merry*.	1716	1724	1735	1737	1738	1747
Pierre Bellot, *rue & Isle saint Louis*.	17..	....	1745	1748	1751	1757
Charles Boullenger, *rue saint Honoré*.	1723	1737	1747	1749	1756	
Claude Bompart, *rue du Four, Fauxbourg saint Germain*.	1720	1740	1749	1752		
François Daudin, *rue des deux Portes saint Sauveur*.	1726	1742	1751	1753	1760	
Pierre Foulon, *rue de Montreuil, Fauxb. saint Antoine*.	1723	1743	1753	1756		
Michel-François Lory, *rue Sainte Croix de la Bretonnerie*.	1718	1744	1756	1759		
Charles Saint Martin, *rue saint Antoine, en Place Baudoyer*.	1723	1746	1757	1760		
Sébastien Nicolas Nau, *rue S. Honoré, coin de celle de l'Arbre sec*.	1743	1747	1759	1761	1767	
Antoine Riquier, *rue du Chaume, Hôtel de Soubise*.	1723	1747	1760	1762		
Jean Dagneaux, *Place Maubert*.	1733	1751	1763	1764 / 1765		
André François Justinard, *Porte S. Jacques*.	1738	1753	1764	1766		
Louis Hudde, *Marché Palhu*.	1741	1754	1765	1767	1766	

Messieurs les anciens Gardes, avec les Années de leurs Réceptions & Elections.

NOMS ET DEMEURES.	ANNÉES.	
	Réceptions.	Elections.
GAspard Riquet, *rue des Foureurs.*	1720	1739
Claude Pasquier, *Porte S. Jacques.*	1718	1740
Charles Prevost, *rue S. Denis.*	1723	1746
Joseph Soufflet, *entrée de la rue de la Harpe.*	1738	1755
Charles Ravigneaux, *rue Grenier saint Lazare.*	1737	1755
Claude Riquier, *entrée de la rue Mouffetard.*	1724	1756
Charles-Claude Boisseau, *rue S. Magloire.*	1740	1757
Jean Beaurain, *rue saint Antoine, coin de celle saint Paul.*	1743	1759
Jean Billard, *rue de la grande Truanderie.*	1746	1760
Pierre-Claude Gaultier, *rue saint Honoré.*	1745	1760
Jean Noel Boullenger, *coin des rues du Four & de sainte Marguerite.*	1737	1761
Jean Dupuis, *rue Quinquempoix.*	1743	1761
Pierre Bellot, *rue saint Denis près saint Leu.*	1746	1762
Victor-Jean Lacarriere, *entrée de la rue saint Antoine.*	1743	1762
Thomas-Joseph Cahours, *rue Montorgueil.*	1745	1763
Louis Passe, *Pont au Change.*	1745	1763
Jean-Baptiste Baril, *rue saint Honoré.*	1746	1764
Claude Billet, *rue Tictonne.*	1747	1764
Jean-Baptiste Boullenger, *rue sainte Marguerite, Faubourg saint Germain.*	1757	1765
Jean Claude Boursault, *rue saint Antoine.*	1747	1765
Louis Bézaudis, *rue saint Jacques la Boucherie.*	1737	1766
Charles-François Pingard, *rue S. Denis.*	1748	1766
Jean-Augustin Nau de la Grange, *rue S. Honoré.*	1761	1767
Thomas Rousseau, *rue saint Denis.*	1756	1767

ORDRE CHRONOLOGIQUE.

MESSIEURS,

1716 Jean-Claude Hude, *ancien Juge Conful, ancien grand Garde.*
1718 Michel-François Lory, *ancien grand Garde.*
Claude Pafquier, *ancien Garde.*
1720 Claude Bompart, *ancien grand Garde.*
Gafpard Riquet, *ancien Garde.*
Antoine Riquier, *ancien grand Garde.*
Jean Pichard.
1723 Charles Boullenger, *ancien Conful, ancien grand Garde.*
Pierre Foullon, *ancien grand Garde.*
Charles Prevoft, *ancien Garde.*
Charles Saint-Martin, *ancien grand Garde.*
Charles Foffey *pere.*
Jofeph-Guillaume Bruté.
Pierre Conftant.
Nicolas Huault Pelletier.
Jacques Girouft.
Pierre-Denis Lefebvre.
Jerôme Fauveau.
Paul-Claude Fauveau.
Claude Corniquet.
Jean-François Tulouft *aîné.*

ORDRE CHRONOLOGIQUE.

MESSIEURS,

1723 André Poncelle.
Nicolas Gouffé.
Jean-François Tulouft *jeune*.
Pascal-Edme Potet.
Jean-Nicolas Potet.
Mathurin Hamelin.
Jean Greffin.
Jean-Pierre Fauvel.
Charles Grimperel.
Jean Jubin.
Nicolas Courtois.
Nicolas Gallet *pere*.
Michel Phillippault.
Guillaume Létrouin.
1724 Pierre Bellot *pere*, *ancien Juge-Consul, ancien grand Garde*.
Claude Riquier, *ancien Garde*.
1725 Claude Mabille.
1726 François Daudin, *ancien Consul, ancien grand Garde*.
Louis-André Lemoeffar.
Pierre Corroy.
Nicolas Sauvage.
1727 Jacques-François Foucault.
1728 Christophe Goffe *pere*.
1729 Robert-Laurent Lancelin.

ORDRE CHRONOLOGIQUE.

MESSIEURS,

- 1730 François Lamy.
- 1731 Etienne Ozanne.
- Etienne-Claude Beaucosté.
- Pierre-Simon Houllier.
- Jean Mouzet.
- 1732 Louis-Charles Dennel.
- Claude Lefebvre.
- Thomas Senart.
- Pierre-Louis Descourtieux.
- 1733 Jean Dagneaux, *ancien grand Garde.*
- Jacques-Julien Thomazet.
- 1734 Joseph Bompart.
- Gabriel Gasté.
- 1735 Philippes Boullanger.
- Jean-Simon Langlois.
- 1736 Louis-Pierre Moreau.
- François Bigot.
- Pierre Degouy.
- François Duberne.
- Claude Denoireteire.
- Pierre Debainse.
- Pierre Demachy.
- François-Louis Delabranle.
- 1737 Louis Fournier.
- Vincent Dinault.
- Antoine-Pierre Leonard.

ORDRE CHRONOLOGIQUE.

MESSIEURS,

1737 François Bruté *fils*.
Jacques Devaux.
René-François Hiard.
Thomas Guiblot.
Simon Marcelly.
Charles Ravignaux, *ancien Garde*.
Jean-Noël Boullenger, *ancien Garde*.
Simon Clement.
Louis Leredde.
Joseph-Gaspard Blavet.
Louis Bezaudis, *ancien Garde*.
1738 André-François Justinard, *ancien grand Garde*.
Joseph Soufflet, *ancien Garde*.
Jacques Leroux *aîné*.
1739 Charles Martin *aîné*.
Nicolas Gallet *fils*.
Victor Liebbe *pere*.
Jacques Prevost *aîné*.
1740 Jean-Bapt. Boisseau *aîné*, *grand Garde en charge*.
Charles-Claude Boisseau *jeune*, *ancien Garde*.
Jean-Baptiste Moessart.
Eustache-Philbert Desnots.
1741 Louis Hudde, *ancien grand Garde & ancien Consul*.
Jacques-Robert Marcq, *ancien Garde en charge*.
Dequesne.

ORDRE CHRONOLOGIQUE.

MESSIEURS,

1741	Cir-Charles Montmerquet.
	Nicolas Delachenaye.
	Jean Marlin.
	Jean Mouron.
1742	René-Julien Jussiaume.
1743	Sebastien-Nicolas Nau, *ancien grand Garde, & ancien Consul.*
	Jacques-Nicolas Thomaset.
	Henri-Simon Potet.
	Victor-Jean Lacarriere, *ancien Garde.*
	Jean Dupuis, *ancien Garde.*
	François-Vincent Lebrun, *ancien Garde en charge.*
	Jean Beaurain, *ancien Garde.*
	Antoine Fabre.
	Jacques-François Boullanger.
1744	Jean Salmon.
	Jean Merlin.
	Michel Dubois.
	François Eteveneau.
	Jean Baptiste Mirbé.
	Jean Chassey.
	Joseph Penel.
	Louis-Vincent Julien.
	Jacques Delamarre.
1745	Pierre-Marie Harelle.

ORDRE CHRONOLOGIQUE.

MESSIEURS,

1745	Sulpice-Thomas Allibert.
	Alexandre Lariot.
	Pierre-Claude Gautier, *ancien Garde*.
	Hubert David.
	Joseph Bourdeux.
	Thomas-Joseph Cahours, *ancien Garde*.
	Pierre-Louis Murot.
	Louis Paffe, *ancien Garde*.
1746	Didier Quantin.
	François Perault.
	Guillaume Drunet.
	Nicolas Laloue.
	Jean-Baptiste Baril, *ancien Garde*.
	Pierre Gilochon.
	Jean Baptiste Tuloust.
	Pierre Bellot *fils*, *ancien Garde*.
	Louis Maschret.
	Jean Billard, *ancien Garde*.
	Jacques Peyronnent.
	Jean-Baptiste Grillot.
	Thomas-Nicolas Jorrant.
	Pierre Petit-Radel.
1747	Claude Barreau.
	Mathieu Montucla.
	Claude Billet, *ancien Garde*.
	Jean Martin.

ORDRE CHRONOLOGIQUE.

MESSIEURS,

1747 Jean-Claude Bourſault, *ancien Garde*.
1748 Nicolas-Louis Iſoré.
Charles-François Pingard, *ancien Garde*.
Louis-Paul Petit.
Aventin-Charles Anteaume.
Alexandre Lenoir.
Henri Dehegny.
Edme-François Moreau.
Pierre-Paul Barbier.
1749 René Oger.
Pierre Deliſle.
Jean Rouſſel.
Jacques-Joſeph Fauveaux.
Guilaume Lainé.
Nicolas-Louis Foſſey *fils*.
Jean Simeon.
1750 Felix-Robert Loyer.
Jean-Baptiſte Bellanger.
Gilles Lavandier.
Jean-Cirus Marcillac.
Louis-François Bouïlanger.
1751 Pierre-Jacob Melicque.
Louis Thibout.
François-Claude Guilbert.
Jean-Charles Dory.
Côme-Auguſtin Leſurier.

ORDRE CHRONOLOGIQUE.

MESSIEURS,

1751 Nicolas Grenier.
Bertrand Lambert.
Nicolas Maire.
1752 Jacques Prevoſt *jeune.*
Pierre Leurin.
Hilarion Lefebvre.
Honoré Rouſſel.
Gilbert Dubier.
1753 François-Louis Raffrond *aîné.*
François Deſtreveaux.
Noël-Louis Blondy.
Aquilin-Michel Devoulges.
Mathurin Bézaudis.
1754 Pierre-Félicien Flamand.
Michel Tricot.
Philippes-Louis Charrier, *Garde en charge.*
Chriſtophe Nicolas Goſſe *fils.*
Jacques-Etienne Pichard *fils.*
Jean Baptiſte Defreſne.
1755 Antoine Atquier.
Antoine Legendre.
Jean-Jacques Letellier.
Jean-Pierre Moriſſet.
Louis Deſtreveaux *fils aîné.*
Pierre Picquenart.
Louis Leredde *fils.*

ORDRE CHRONOLOGIQUE.

MESSIEURS,

1755	Jacques Leroux.
	Pierre Wallière.
	Charles-Marie Lacarriere.
	Philippes-Louis Montassier.
1756	Louis Felinne.
	Louis-Auguste Despagne.
	Louis-Antoine-Edme Botot.
	Nicolas Landry.
	François Girault.
	Jacques Deslandres.
	René Thomasset.
	François Borne.
	Simon Darblay.
	Charles Germain.
	François Breton.
	Alexandre Oger, *Garde en charge*.
	Thomas Rousseau, *ancien Garde*.
	Pierre-Felix-Denis Debrillemont.
	Antoine Mellier.
	Florent Bellot, *Garde en charge*.
	François-Joachim Mahieu.
	Louis Henri Adam.
1757	Henri Delahaye.
	Nicolas Moreau.
	Jacques Delaribadiere.
	Jean-Henri Cahours.

ORDRE CHRONOLOGIQUE.

MESSIEURS,

1757 Jean-Baptiste Boullenger, *ancien Garde*.
Pascal Thutoire.
Jean-François Lechevin.
François Mossa.
Jean-François Lefebvre.
Mathieu-Louis Leroy.
Pierre Ethevé.
Charles-François Dupré.
Jacques Larouvierre.
1758 Louis Lebœuf.
Pierre Gravier.
François Lefebvre.
Jerôme Grassierre.
1759 Barthelemy Duret.
Jean-Sebastien-Ambroise Levasseur.
Charles-François Donnant.
Mathurin-Jacques Chevallier.
Sebastien Destreveaux *fils, le jeune*.
Louis-Jean-Baptiste Dagneaux.
Pierre Rousseau *jeune, Garde en charge*.
Pierre-François Pancatelin.
François-Jacques Pichard.
Antoine Ravigneaux *fils*.
Alexandre Breton.
Pierre-François Caussin.
Jean-Charles Boisseau *fils*.

ORDRE CHRONOLOGIQUE.

MESSIEURS,

1759	Vincent Perlot.
	Isaac Wanneph.
	Jean Baptiste Lefort.
	François Huault Pelletier.
	Jean-Pierre Vidron.
	Jacques Geffrier.
1760	Charles-Alexandre Poulain Fontaine.
	Pierre Devaux.
	Nicolas Delavoyepierre.
	Jean-Robert Audoux.
1761	Nicolas Maillot.
	Pierre Pradel.
	Jean Boissard.
	Jean-Baptiste Roullin.
	Jean-François Delamarre.
	Pierre Mossa.
	Pierre Dame.
	Jacques-Esprit Delauney.
	Jean-Baptiste-Leonor Cahours.
	Jean-Augustin Nau Delagrange, *ancien Garde*.
	Pierre Hareux.
	Marin-Joseph Falconnet.
1762	Joseph-Marin Levé.
	Joseph Deshayes.
	Antoine Barbier.
	Sebastien-François Afforti.

ORDRE CHRONOLOGIQUE.

MESSIEURS,

1762 Pierre Garnier.
Gilles Thomas.
Jean-Florentin Guerrier.
Louis-Gabriel Danfe.
1763 Jean-Charles Boullenger *fils*.
François Lemercier.
Charles-Antoine-Jean Menard.
Michel Leroux.
Jean-Louis Gouffard.
Nicolas-Sauveur Cocquelin.
Jacques Lenglier.
Charles Boudin.
Louis Jalliot.
1764 Pierre Pafquier.
Jean-Baptifte Riquer.
Jean-Antoine Picard Demaifonneuve.
Gabriel Beaudeduit.
Pierre Carraque.
1765 Jofeph Raffrond.
Touffaint Blondel.
1766 Nicolas-Pierre Bertin.
Robert Beauvais.
Charles-André Juftinard *fils*.
Jean-Louis Maillot.
Michel Riquer.
1767 Jean-Baptifte Guillin.

ORDRE CHRONOLOGIQUE.

MESSIEURS,

1767 Antoine Bains.
Louis-Marie-Gregoire Pluyette.
Joseph-Camille Sarasin.
Jacques Loysel *fils*.
Barthelemy-Pierre Hautefeuille.
Jean-Baptiste Rigonnot.
Claude Couturier.
Louis Lepage.
Pasquier-Philippes Bilheusy.
Jean-Pierre Leyris.
Theodore Dedin.
Pascal Dupuis.
Charles-Julien-Pierre Gastebois.
Louis-Marie Gabriel Capaumont.
Pierre-Lazare Guilliet.
Etienne-Alexandre Legrand.
Pierre Delafosse.
Antoine Aubry.
Antoine Beaurain.
Jean Devillers.
Jean-Baptiste Culoteau.
Claude-Nicolas Outrebon.
Pierre-Eustache Grandidier.
Joseph Petit.
François Etienne-Alexis Fouquemprez.
Honoré Pierre Chantrelle.

ORDRE CHRONOLOGIQUE.

MESSIEURS,

1767 Charles-Joseph Gantier.
Amable-Ignace Cluzel.
Pierre Duval.
Pierre-Louis Warin.
1768 Nicolas-François Daune.
Danat-Louis Calas.
Pierre Dey.
Pierre Gantier.
Jean-François Gaucher.
Louis Debray.
1769 André-François Vincent.
Pierre Fouché.
Blaize Gambier.
Christophe Lelievre.
Nicolas François.
Henry-François Delahaye.
Edme-Jacques Moreau.
Jean Felix.

ORDRE CHRONOLOGIQUE.

MESDAMES LES VEUVES.

1698	Jean Nau, *ancien grand Garde.*
1710	Guy Billette.
1711	Claude Boutillier.
1717	Laurent Alliot, *ancien grand Garde.*
1713	Martin Delacour.
	Medard Fleury.
1718	Alexandre Breton, *ancien grand Garde.*
	Pierre Arnoult *jeune.*
1719	Pierre Goblet, *ancien grand Garde.*
	Michel Langlois.
1720	Guillaume Etard.
	Jacques Breton.
1723	Jean Lacarriere, *ancien Garde.*
	Henri Potet, *ancien grand Garde.*
	Jacques Hornet, *ancien Garde.*
	Charles Petit.
	Jacques Henrion.
	Pierre Oury.
	Jean Berrard.
	Jacques Sornet.
	Jacques Guerin.
	Etienne Crepin.

ORDRE CHRONOLOGIQUE.

MESDAMES LES VEUVES.

1723 Jacques Hue.
Nicolas Herrard.
Pierre-Jean Rivet.
René Girouft.
Jean Baptifte Beaufan.
Louis Beaulieu.
Etienne Panet.
Louis-François Maillot.
Jacques Loyfel.
Charles Delaunay.
Nicolas-Antoine Tulouft.
Claude Girouft.
Louis Touffaint Braille.
François Thevenin.
Jean-Baptifte Defrefne.
Pierre Fallet.
Antoine Guenard.
Jean Houdard.
Jean-Jacques Greffin.
Pierre Pavillon.
Pierre Freneau.
François Defarroft.
Jean Proufel.
Nicolas Barbier.
Charles Grofmats.
Auguftin Dollé.

ORDRE CHRONOLOGIQUE.

MESDAMES LES VEUVES.

1723 Jacques Leclerc.
François Audans.
Jacques Leredde.
Thomas Loyfel.
Camille-François Sarafin.
Jean-Baptifte Leroy.
Sebaftien Adenot.
Jean-Baptifte Lenoir.
1724 Jacques Maffon.
1728 Jerôme Crepinet.
Antoine Decourt.
1729 Louis Rouffeau, *ancien Garde*.
1730 François Gaucher.
Louis-Julien Merillon.
1731 Charles Dupré.
Bernard-Auguftin Delorme.
Pierre Breton.
Bernard Pouilliere.
1734 Pierre Rouffy.
1735 Charles-Antoine Potet.
Pierre-Jacob Debuffy, *ancien grand Garde & Conful*.
François-Charles Prat Defprés.
Louis-Augufte Defpagne.
1736 Nicolas Huart.
Thomas Alibert.

ORDRE CHRONOLOGIQUE.

MESDAMES LES VEUVES.

1737	Chriſtophe Lelievre.
	Jerôme Dallut.
	Jean Baſty.
	Jean Lechallier.
	Iſaac Renet.
1738	Nicolas Darme.
1739	Jean-François Cuiſin.
1740	Chriſtophe Popinel.
	Jean-Baptiſte Deniſe.
1741	Thomas Moreau.
	François Mitoufflet.
1742	Joſeph-Céſar Morelly.
	Antoine-Pierre Lemaire, *ancien grand Garde*.
1743	Auguſtin Henoſt.
1744	Joſeph Gricourt.
	Pierre Repond.
1746	Pierre Flamand.
	Thomas Deſmazures.
	Nicolas Dumont.
	Jacques-Maurice Guimard.
1748	Pierre Fouché.
	Jacques-Philippes Guilbert.
1750	Pierre Loyſel.
	Jean Letellier.
1751	Jacques Dumont.
	Laurent Alliot.

ORDRE CHRONOLOGIQUE.

MESDAMES LES VEUVES.

1751 François Spitallier.
1752 Barthelemy Dallut.
1754 Jean Danjou.
1755 Jean Gabriel.
1760 Jean-François Ducontour.
Denis Liebbe.

ORDRE ALPHABÉTIQUE.

MESSIEURS,

A.

ADAM.
Afforty, *rue Neuve des Petits-Champs.*
Allibert, *rue saint Benoît.*
Anteaume, *fauxbourg saint Martin.*
Atquier, *rue du Bacq.*
Aubry, *Abbaye saint Germain.*
Audoux, *rue du Roulle.*

B.

Bains, *rue Neuve saint Laurent.*
Barbier, *rue de Charonne.*
Barbier, Pierre-Paul. *Quay des Miramionnes.*
Barbier, *rue & près la Comédie Françoise.*
Baril, ancien Garde, *rue saint Honoré.*
Barreau, *Abbaye saint Germain.*
Beaucosté, *rue des Foureurs.*
Beaudeduit, *rue saint Denis.*
Beaurain, ancien Garde, *rue saint Antoine.*
Beaurain, Antoine, *rue saint Antoine.*
Beauvais, *Place Baudoyer.*
Bellanger, *rue saint Martin.*
Bellot pere, ancien grand Garde, *rue & Isle saint Louis.*
Bellot fils, ancien Garde, *rue saint Denis.*
Bellot second fils, Garde en Charge, *Place Maubert.*
Bertin, *rue saint Martin, au coin de celle des Lombards.*
Bezaudis, Louis, ancien Garde, *rue saint Jacques de la Boucherie.*
Bezaudis, Mathurin, *Cul-de-sac du Cocq.*
Bigot, *grande rue du Fauxbourg saint Antoine.*
Bilheust, *rue saint Nicolas, Fauxbourg saint Antoine.*
Billard, ancien Garde, *rue grande Truanderie.*
Billet, ancien Garde, *rue Tictonne.*
Blavet, *rue d'Orléans saint Martin.*
Blondel, *Enclos du Temple.*
Blondy.
Boissard, *rue Coquilliere.*
Boisseau, Jean-Baptiste, grand Garde en charge, *rue Betisy.*
Boisseau, Charles-Claude, ancien Garde, *rue saint Magloire.*
Boisseau, fils de Jean-Baptiste, *rue Betisy.*
Bompart, Claude, ancien grand Garde, *rue du Four, Fauxbourg saint Germain.*

G

ORDRE ALPHABÉTIQUE.

MESSIEURS,

Bompart, Joseph, *Place S. Michel.*
Borne, *Cour du Dragon sainte Marguerite.*
Botot, *rue Mondetour.*
Boudin, *rue saint Denis.*
Boullanger, Philippes, *rue de Charonne.*
Boullanger, Jacques-François, *à Nanterre.*
Boullanger, Louis-François, *rue Neuve saint Etienne.*
Boullenger, Charles, ancien grand Garde, *rue saint Honoré.*
Boullenger, Jean-Noel, ancien Garde, *au coin des rues du Four & de sainte Marguerite.*
Boullenger, Jean-Baptiste, ancien Garde, *Coin des rues du Four & sainte Marguerite.*
Boullenger fils, Jean-Charles, *rue saint Honoré.*
Bourdeux.
Boursault, ancien Garde, *rue saint Antoine.*
Breton, François, *Fauxbourg saint Martin.*
Breton, Alexandre, *rue Bordet.*
Bruté, pere, *à Orléans.*
Bruté fils.

C.

Cahours, Thomas-Joseph, ancien Garde, *rue Montorgueil.*
Cahours, Jean-Henri, *rue S. Antoine.*
Cahours, Jean-Baptiste-Léonor, *Pont Notre-Dame.*

Calas, *rue du Mail.*
Capaumont, *rue Montmartre.*
Carraques, *rue S. Louis, au Marais.*
Caussin, *rue de Bourbon-Villeneuve.*
Chantrelle, *rue de Beaune, Fauxbourg saint Germain.*
Charrier, Garde en charge, *Cimetiere saint Jean.*
Chassey, *rue saint Denis.*
Chevalier, *Cloître saint Honoré.*
Cluzel.
Colinet, *rue Mouffetard.*
Constant, *rue Aumaire.*
Coquelin, *rue de la Vieille Draperie.*
Corniquet, *rue du Fauxbourg Montmartre.*
Corroy, *Barriere saint Louis.*
Courtois, *rue des Gravilliers.*
Couturier, *rue saint Martin.*
Cusoteau, *Cloître saint Jacques l'Hôpital.*

D.

Dagneaux, ancien grand Garde, *rue Galande.*
Dagneaux, Jean-Baptiste, *aux Isles.*
Dame, *rue saint Honoré.*
Daune, *rue de Bretagne.*
Danse, *rue saint Antoine.*
Daudin, ancien grand Garde, *rue des deux Portes saint Sauveur.*
David, *rue Croix des Petits-Champs.*
Darblay, *Marché-Neuf.*
Debainse, *rue Neuve saint Laurent.*

ORDRE ALPHABÉTIQUE.

MESSIEURS,

Debray, *Fauxbourg saint Antoine.*
De Brillemont, *rue saint Denis.*
Dedin, *rue d'Argenteuil, Butte saint Roch.*
Defresne, *rue Grenetal.*
Degouy.
Dehegny, *rue des Vertus.*
Delabranle, *rue Maubuée.*
Delachenaye.
Delafosse, *rue de la Lingerie.*
Delahaye.
Delahaye, Henry-François, *Fauxbourg saint Antoine.*
Delamarre.
Delamarre, *rue saint Honoré.*
Delaribardiere, *Montagne sainte Geneviève.*
Delauney, *rue de la Monnoye.*
Delavoyepierre, *rue saint Honoré.*
Delisle, *dans la Cité.*
Delorme, *rue saint Sauveur.*
Demachy.
Denel.
Denoireterre, *Place de Grève.*
Dequesne, *rue Neuve saint Laurent.*
Descourtieux, *rue de Bussy.*
Deshayes, *rue saint Denis.*
Deslandres, *rue saint Honoré.*
Desnots.
Despagne, *rue de Clery.*
Destrevaux, Louis.
Destrevaux, Sébastien.
Devaux, Jacques, *rue du Ponceau.*
Devaux, Pierre, *rue saint Sauveur.*
Devillers.
Devoulges, *Porte saint Michel.*
Dey, *rue de Bonnes-Nouvelles.*
Dinaut, *rue Aumaire.*

Donnant, *rue de l'Arbre-sec.*
Dory, *rue saint Martin.*
Drunet, *à Lyon.*
Duberne, *dans le Temple.*
Dubier, *rue de Beaujolois.*
Dubois, *grande rue du Fauxbourg saint Antoine.*
Dupré, *Pont saint Michel.*
Dupuis, ancien Garde, *rue Quincampoix.*
Dupuis, Pascal, *rue saint Denis.*
Durey, *Fauxbourg saint Martin.*
Duval.

E.

Esteveneau, *rue Françoise, Fauxbourg saint Marcel.*
Etevé, *rue de Charonne, Fauxbourg saint Antoine.*

F.

Fabre, *rue des deux Boulles saint Germain.*
Falconnet, *à Lyon.*
Fauveau, Jérôme, *Cloître Notre-Dame.*
Fauveau, Paul-Claude, *même maison.*
Fauveaux, Jacques-Joseph, *rue de Charenton.*
Fauvel.
Felinne, *rue Quincampoix.*

ORDRE ALPHABÉTIQUE.

MESSIEURS,

Felix, *rue sainte Marguerite, près celle des Cizeaux, Fauxbourg saint Germain.*
Flamant, *rue Montmartre.*
Fontaine, *rue Trainée.*
Fossey pere, *à Sens.*
Fossey fils, *rue saint Denis.*
Foucault, *rue saint Denis, à l'ancien grand Cerf.*
Fouché, *rue de Lourfine, Fauxbourg saint Marcel.*
Foullon, *ancien grand Gardé, rue de Montreuil, Fauxbourg saint Antoine.*
Fouquemprez, *rue du Sépulchre.*
François.

G.

Gallet pere, *Cul-de-sac de la Forge, Fauxbourg saint Antoine.*
Gallet fils, *grande rue du Fauxbourg saint Antoine.*
Gambier, *Enclos des Quinze-Vingts.*
Gantier, Charles-Joseph, *Enclos du Temple.*
Gantier, Pierre.
Garnier, *rue saint Honoré.*
Gastebois, *rue de l'Egoût, Fauxbourg saint Germain.*
Gasté, *à Chaillot.*
Gaucher, *Cul-de-sac Basfroid, rue saint Denis.*
Gaultier, *ancien Garde, rue saint Honoré.*
Geffrier, *rue saint Honoré.*

Germain, *Fauxbourg saint Jacques.*
Gillochon.
Girault, *rue saint Honoré.*
Giroust, *rue Neuve saint Laurent.*
Gosse pere.
Gosse fils.
Gouffé.
Gousard, *Abbaye saint Germain.*
Grandidier, *Juiverie saint Antoine.*
Grassiere, *rue Neuve saint Martin.*
Gravier, *rue du Paon.*
Greffin, *rue du Vertbois.*
Grenier, *Place Cambray.*
Grillot, *rue Hyacinthe, Porte saint Michel.*
Grimperel, *Quay des Balcons.*
Guerier, *rue du Sépulchre.*
Guiblot.
Guilbert, *rue de Seve.*
Guillier.
Guillin, *rue du Puits, aux Halles.*

H.

Hamelin, Jean-Pierre, *rue de Charenton.*
Hamelin, Mathurin, *Cul-de-sac saint Martial.*
Harelle, *rue Marivaux.*
Hereux, *Marché saint Martin.*
Hautefeuille, *rue de Sartine, nouvelle Halle.*
Hiard, *rue des Petits-Champs-saint-Martin.*
Houllier, *rue des Menestriers.*

ORDRE APHAÉTIQUE.

MESSIEURS,

Hude, ancien grand Garde, *Doyen*, *Cloître saint Merry*.
Hude, ancien grand Garde, *Coin du Marché-Neuf*.

J.

Jalliot, *rue de la Harpe*.
Jorrand, *rue Thevenot*.
Jubin, *rue saint Martin*.
Jullien, *au grand Charonne*.
Jussiaume, *rue Censier*.
Justinard, ancien grand Garde, *Porte saint Jacques*.
Justinard fils, Charles-André, *rue saint Jacques*.
Izoré, *rue Neuve sainte Catherine*.

L.

Lacarriere, ancien Garde, *rue saint Antoine*.
Lacarriere, *rue du Temple*.
Lainé, *Quay de la Mégisserie*.
Laloue, *grande rue du Fauxbourg saint Antoine*.
Lamy, *en Province*.
Lambert, *à Dourdan*.
Lancelin, *à l'Estrapade*.
Landry, *rue Dauphine*.
Langlois, *rue Pot-de-Fer S. Marcel*.
Lariot, *rue Bordet*.
Larouviere, *Place du vieux Louvre*.

Lavandier, *aux Invalides*.
Lebœuf, *à Auxerre*.
Lebrun, Garde en charge, *rue de la Roquette*.
Lechevin, *rue saint Etienne des Grès*.
Lefevre, Pierre-Denis, *rue des Vertus*.
Lefevre, Claude, *rue des Anglois, Place Maubert*.
Lefevre, Hilarion, *Juiverie saint Antoine*.
Lefevre, Jean-François, *rue de Charonne*.
Lefevre, François, *Echoppe de la Bastille*.
Lefort, *à Dourdan*.
Legendre, *Place de Grève*.
Legrand, *rue d'Orléans, Porte saint Denis*.
Lelievre, *rue du Vertbois*.
Lemercier, *rue de la Vieille-Monnoye*.
Lemoessard, *Port au Bled*.
Lenglier, *Quay de la Mégisserie*.
Lenoir, *rue saint Honoré*.
Leonard, *rue du Four saint Germain*.
Lepage, *rue Croix des Petits-Champs*.
Leredde fils, *rue Charlot, au Marais*.
Leroux, Jacques.
Leroux, Jacques, *au Bureau de la Bonneterie*.
Leroux, Michel, *rue Mouffetard*.
Leroy, *Fauxbourg saint Antoine*.
Letellier.
Letrouin, *rue Mouffetard*.
Levasseur, *rue du Temple*.

ORDRE ALPHABÉTIQUE.

MESSIEURS,

Levé, *Halle aux Poirées.*
Leurin, *Marché saint Martin.*
Leyris, *rue des Moulins, Butte saint Roch.*
Lezurier, *rue des Billettes.*
Liebbe, *rue du Verthois.*
Lory, *ancien grand Garde, rue sainte Croix de la Bretonnerie.*
Loyer, *rue saint Martin.*
Loysel, *Fauxbourg saint Antoine.*

Montassier, *Croix Rouge.*
Montuélat, *rue de Ferronnerie.*
Moreau, Louis-Pierre.
Moreau, Edme-François, *rue Aumaire.*
Moreau, Nicolas, *rue Beaurepaire.*
Moreau, Edme-Jacques, *Marché saint Martin.*
Mossa, François, *Place Maubert.*
Mossa, Pierre, *rue de Bievre.*
Mouron, *Place Dauphine.*
Mouzet, *Petit Marché saint Jacques.*
Murot, *rue Mouffetard.*

M.

Mabille, *à saint Germain en Laye.*
Mahieu.
Maillot, *rue Quincampoix.*
Maillot, Jean-Louis, *rue Bourg-l'Abbé.*
Maire, *rue Montmartre.*
Marcelly, *rue saint Jacques de la Boucherie.*
Masciliac, *rue saint Benoît.*
Marc, *Garde en charge, rue saint Antoine.*
Marlin, *rue d'Anjou, au Marais.*
Martin, Jean, *Fauxbourg saint Martin.*
Mascheret, *rue du Fauxbourg saint Antoine.*
Melique, *rue saint Martin.*
Menart, *rue saint Bon.*
Merlin, *à Charenton.*
Messire, *rue de la Vieille Bouclerie.*
Mirbé.
Moessard, *aux Quinze-Vingts.*
Montmerquet, *en Province.*

N.

Nau, Sébastien-Nicolas, *ancien grand Garde, rue saint Honoré.*
Nau de la Grange, Jean-Augustin, *ancien Garde, rue saint Honoré.*

O.

Oger, René, *rue de Bracq.*
Oger, Alexandre, *Garde en charge, rue de la Lingerie.*
Outrebon, *rue grande Truanderie.*
Ozanne, *rue du Puits, aux Halles.*

P.

Passe, *ancien Garde, Pont au Change.*

ORDRE ALPHABÉTIQUE.

MESSIEURS,

Pancatelin, *grande rue du Fauxbourg saint Antoine.*
Pasquier, Claude, ancien Garde, *rue & porte saint Jacques.*
Pasquier, *rue du Four, Fauxbourg saint Germain.*
Pelletier, Nicolas Huault, *rue & porte saint Jacques.*
Pelletier, François Huault, *rue Bafroi.*
Penel, *rue Dauphine.*
Perault, *rue saint Antoine, passage Lesdiguieres.*
Perlot, *rue des Vieux Augustins.*
Petit, *rue saint Magloire.*
Petit, Joseph, *rue de Tournon.*
Peyronnent, *rue Grenier S, Lazare.*
Philippault, *aux Galleries du Louvre.*
Picard de Maisonneuve, *rue saint Honoré.*
Pichard, Jean, *rue Mouffetard.*
Pichard fils, Jacques-Etienne, *Porte saint Marcel.*
Pichard, François-Jacques, *rue Mouffetard.*
Pingard, ancien Garde, *rue saint Denis.*
Picquenard, *rue de la Haute Vanerie.*
Pluyette, *Marché saint Jean.*
Poncelle, *rue sainte Marguerite, Fauxbourg saint Antoine.*
Potet, Paschal-Edme.
Potet, Henri-Simon, *rue de la Juiverie.*
Pradel.
Prevost, Charles, ancien Garde, *rue saint Denis.*
Prevost, Jacques, *rue de la Verrerie.*
Provost, *rue saint Honoré.*

Q.

Quentin, *rue Traversiere, Fauxbourg saint Antoine.*

R.

Radel, *rue saint Honoré.*
Raffrond, François-Louis, *rue de Bretagne.*
Raffrond, Joseph, *rue Meslée.*
Ravigneaux, Charles, ancien Garde, *rue Grenetat.*
Ravigneaux, Antoine, *rue Grenetat.*
Richer, *Fauxbourg saint Martin.*
Rigonnot, *rue Jacob, Fauxbourg saint Germain.*
Riquer, Claude, ancien Garde, *rue Mouffetard.*
Riquer, Jean-Baptiste, *Cloître saint Jean.*
Riquet, Michel, *rue saint Martin.*
Riquet, ancien Garde, *rue des Foureurs.*
Riquier, Antoine, ancien grand Garde, *rue du Chaume, Hôtel de Soubise.*
Riviere.
Roblin, *aux Petites Maisons.*
Roulin.

ORDRE ALPHABÉTIQUE.

MESSIEURS,

Rousseau, Thomas, ancien Garde, *rue saint Denis.*
Rousseau, Pierre, Garde en charge, *rue saint Martin.*
Roussel, Jean-Baptiste.
Roussel, Honoré, *aux Halles.*

S.

Saint-Martin, ancien grand Garde, *rue saint Antoine, Place Baudoyer.*
Salmon, *Fauxbourg saint Denis.*
Sarazin, *rue Mouffetard.*
Sauvage.
Senard, *rue de la Vieille Monnoye.*
Simeon, *rue du Vertbois.*
Soufflet, ancien Garde, *rue de la Harpe.*

T.

Thiboust, *Abbaye saint Germain des Prés.*
Thomas, *rue saint Denis.*
Thomasset, René, *rue Neuve saint Laurent.*

Thomazet, Jacques-Julien, *rue Coquilliere.*
Thomazet, Jacques-Nicolas, *rue de la Tonnellerie.*
Thutoire, *rue saint Denis.*
Tricot, *rue de Seves.*
Tulout, Jean-François, *rue Montmartre.*
Tulout, Jean-François, *rue du Cimetiere saint Nicolas.*
Tulout, Jean-Baptiste, *rue Montmartre.*

V.

Valiere, *rue saint Etienne des Grès.*
Vidron, *rue Mouffetard.*
Vincent, *rue de la Tonnellerie, aux Halles.*

W.

Wanneph, *rue Pot de Fer saint Marcel.*
Warin.
Watbois, *rue Contrescarpe.*

ORDRE ALPHABÉTIQUE.

MESDAMES LES VEUVES.

A.

ADENOT, *rue sainte Marguerite, Fauxbourg S. Germain.*
Alibert, *rue saint Benoît.*
Alliot, *rue de la Lingerie.*
Alliot, ancien grand Garde, *rue des Lombards.*
Arnould, *Pont Notre-Dame.*
Audanse, *Fauxbourg saint Martin.*

B.

Barbier, *rue de Charonne.*
Basty, *rue Contrescarpe saint Marcel.*
Beaulieu.
Beauffan, *rue du Pont aux Choux.*
Billette, *Pont au Change.*
Blot, *rue du Cocq saint Honoré.*
Berrard, *rue Neuve saint Martin.*
Braille.
Breton, Alexandre, ancien grand Garde, *rue Bordet.*
Breton, Jacques, *rue Contrescarpe saint Marcel.*
Breton, Pierre, *rue du Puits, aux Halles.*

C.

Clement.
Crepin, *rue & porte du Temple.*
Crepinet, *Porte saint Marcel.*
Cuisin, *grande rue du Fauxbourg saint Antoine.*

D.

Dallut, *rue du Four saint Germain.*
Dallut, *Pont Marie.*
Danjou, *Fauxbourg saint Martin.*
Darme.
Debussi, ancien grand Garde, & Consul, *Cloître saint Jacques l'Hôpital.*
Decourt, *rue des Cordeliers.*
Defresne, *rue Geoffroy Lasnier.*
Delacour, *à Versailles.*
Delauney, *rue de la Poterie.*
Denise, *rue des Vertus.*
Desmazures.
Despagne, *grande rue du Fauxbourg saint Antoine.*
Desprès.
Desarrost, *rue de la Cossonnerie.*
Destreveaux, *Abbaye saint Germain.*
Dollé, *rue Gaillon.*
Ducontour, *rue du Vertbois.*
Dumont, *rue saint Nicolas, Fauxbourg saint Antoine.*
Dumont, Nicolas, *rue de la Vieille Draperie.*

I

ORDRE ALPHABÉTIQUE.

MESDAMES LES VEUVES.

Dupré, *rue de la Harpe.*

E.

Etard, *à Lyon.*

F.

Fallet, *rue Jean Pain-mollet.*
Flamant, *rue saint Honoré.*
Fleury.
Fouché, *rue Pot de fer saint Marcel.*
Fournier, *rue de Grenelle saint Germain.*
Freneau, *rue Culture sainte Catherine.*

G.

Gabriel, *rue Plâtriere.*
Gaucher, *rue saint Denis, Cul-de-sac Baffroy.*
Girouſt, René, *rue saint Etienne des Grès.*
Girouſt, Claude, *rue de la Cour du Maure.*
Goblet, ancien grand Garde, *rue sainte-Croix de la Bretonnerie.*
Greffin, *rue du Vertbois.*
Gricourt, *Quay de la Mégisserie.*
Grosmats, *rue Brise-Miche.*
Guenard.

Guerin, *rue du Hurpoix.*
Guimard, *rue de Charenton.*

H.

Henoft, *rue Neuve saint Martin.*
Henrion.
Herard, *rue de Jouy.*
Hornet, ancien Garde, *rue Trousse Vache.*
Houdard, *vieille rue du Temple.*
Huard, *passage des Orfèvres, au Ralais.*
Hue, *rue saint Nicaise.*

J.

L.

Lacarriere, ancien Garde, *rue Philippeaux.*
Langlois, *en Province.*
Lechallier, *Fauxbourg saint Jacques.*
Leclerc, *Fauxbourg saint Denis.*
Lelievre, *rue de Bourgogne, Fauxbourg saint Marcel.*
Lemaire, ancien Garde, *Pointe saint Eustache.*
Lenoir, *rue Bourglabbé.*
Leredde, *rue Charlos, au Marais.*
Leroy, *rue du Bon Puits.*

ORDRE ALPHABÉTIQUE.

MESDAMES LES VEUVES.

Lescot, *rue de Tournon*.
Letellier, *rue Meslée*.
Liebbe, *rue de Bussy*.
Loysel, Jacques, *rue Neuve saint Laurent*.
Loysel, Pierre, *grande rue du Fauxbourg saint Antoine*.
Loysel, Thomas, *rue de Charonne*.

M.

Maillot, *rue Bourglabbé*.
Masson.
Merillon, *rue du Bout du Monde*.
Mitoufflet, *rue Mouffetard*.
Moreau, *rue saint Honoré*.

N.

Nau, Jean, ancien grand Garde, *rue Quincampoix*.

O.

Oury, *Fauxbourg saint Denis*.

P.

Panet.
Pavillon, *rue saint Martin*.
Petit, *Porte saint Martin*.
Popinel, *rue Froidmanteau*.

Potet, Henri, ancien grand Garde, *rue de la Juiverie, en la Cité*.
Potet, Charles-Antoine, *rue de Beaujeolois*.
Pouilliere, Bernard.
Pouilliere, Pierre, *rue Mouffetard*.
Proussel, *Fauxbourg saint Martin*.

Q.

R.

Renet, *rue Philippeaux*.
Repond, *Juiverie saint Antoine*.
Rivet, *rue Neuve saint Eustache*.
Rousseau, ancien Garde, *rue Beaubourg*.
Roussy, *Avenue des Invalides*.

S.

Sarazin, *rue Mouffetard*.
Spitalier, *Pont Marie*.
Sornet, *rue de l'Arbalestre*.

T.

Thevenin.
Tulout, Nicolas-Antoine, *à Vincennes*.

OFFICIERS DU CORPS.

MESSIEURS,

DE Rochebrune, Commissaire au Châtelet, *rue Geoffroy Lasnier.*

Vergne, Notaire, *rue saint Jacques la Boucherie.*

De Chancourt, Avocat aux Conseils, *rue saint André des Arts.*

De Laborde, Avocat au Parlement, *rue de Condé.*

Marcilly, Procureur au Parlement, *rue Pierre au Lard.*

Leroux, Procureur au Châtelet, *rue de la Tixeranderie.*

Rouveau, Huissier au Châtelet, *au Bureau.*

www.ingramcontent.com/pod-product-compliance
Lightning Source LLC
Chambersburg PA
CBHW060721050426
42451CB00010B/1553